BANQUET

DU GROUPE

DE LA CONFÉRENCE

———— ◆◆◆ ——— —

PARIS-AUTEUIL

40, RUE LA FONTAINE, 40

—

1890

BANQUET

DU GROUPE

De l'UNION MONARCHIQUE

DE LA CONFÉRENCE

MOLÉ-TOCQUEVILLE

PARIS-AUTEUIL

IMPRIMERIE DES APPRENTIS-ORPHELINS. — ROUSSEL

40, RUE LA FONTAINE, 40

—

1890

Groupe de l'UNION MONARCHIQUE

DE LA

CONFÉRENCE MOLÉ-TOCQUEVILLE

Le lundi 17 Mars, dans les salons de Marguery, a eu lieu le banquet du Groupe de l'*Union Monarchique* de la Conférence Molé, auquel avaient bien voulu assister, MM. Lorois, Marquis de la Ferronays, Marquis de La Rochejacquelein, Comte Lanjuinais, Bigot, d'Aillières, Comte de Pontbriant, Blachère, Lecour-Grandmaison, Vicomte de Villebois-Mareuil, députés; Messieurs de Claye et Antoine Faure, anciens présidents du Groupe, M. Nourrisson, président de la Conférence Molé et un grand nombre de Membres étaient présents.

Au dessert, M. Charles Boullay, président du Groupe, s'est exprimé en ces termes :

« Ceux qui partagent les mêmes affections, qui gardent les mêmes fidélités, qui nourrissent les mêmes espérances se dérobent volontiers aux exigences quotidiennes de la vie pour se réunir en assemblées confraternelles. Aussi se forma-t-il, dès longtemps déjà, au sein de la Conférence Molé, un groupe de jeunes hommes résolus à tout entreprendre pour amener une restauration qu'ils croient nécessaire ! Le groupe de l'Union Monarchique fait dans nos joutes oratoires bonne contenance, et la conférence toute entière lui rendait naguère hommage en choisissant pour son Président, M. Nourrisson, un de ses membres les plus sympathiques, un de ses orateurs les plus distingués.

Si ardente et si vivace que soit notre génération, elle réclame cependant plus que tout autre soutien et encouragement !

A l'âge où l'on vit d'insouciances, où l'on se complaît aux illusions, nous avons éprouvé toutes les angoisses, nous avons connu toutes les déceptions. Ce fut d'abord la guerre étrangère, puis la guerre intérieure, ce fut enfin l'interminable spectacle des proscriptions odieuses, des mesures vexatoires, des affirmations mensongères, et des négations funestes !.. Tout fut suscité pour ébranler nos croyances, et

déprimer nos volontés. Les violents ont eu leur apo-
théose, les déserteurs ont été cités à l'ordre du jour,
les parjures ont reçu des récompenses, l'amnistie a
couvert et ratifié des crimes ! Jusqu'ici, nous n'avons
point abandonné le poste, et ce ne sont ni les
disgrâces imméritées, ni les défaveurs systématiques
qui nous arracheront une apostasie !

Nous avons gardé le culte du passé, et à ceux qui
sourient de nos antiques croyances, et méprisent nos
vieux attachements, il nous faut jeter cette fière
réponse : « Prenez garde, vos insultes c'est la Patrie
« qu'elles atteignent, car la guerre au passé de la
« France sera toujours une véritable guerre civile! »

Aussi, Messieurs les Députés, laissez-moi vous
remercier d'avoir apporté à nos efforts un encouragement en donnant à cette réunion l'éclat de votre
présence ! Votre place était bien à nos côtés : il est
tout naturel que les Membres de ce petit parlement
qui s'appelle la Molé désirent voir et accueillir de
véritables Députés !

Cette fête intime produira-t-elle en vous une
aimable impression ? Je n'ose y prétendre, mais ce
que je sais bien, c'est qu'à l'issue de cette fête
vous aurez conscience d'avoir accompli un véritable
devoir. Il ne suffit pas en effet aux chefs de se montrer aux troupes le jour de l'action. Veulent-ils s'assurer leur dévouement à toute épreuve, et leur con-
cours efficace, ils ne doivent ni redouter les entretiens,

ni fuir les contacts... Ils provoqueront au contraire les rencontres.

J'admire les stratégistes qui dressent des plans, et préparent des projets, mais il faut que leurs plans s'exécutent, et que leurs projets se réalisent : sinon, ils s'épuisent en impuissantes combinaisons... leur œuvre demeure stérile. J'accepte la prudence qui ne masque pas les craintes chimériques, et qui n'abrite ni les fâcheuses compromissions ni les regrettables timidités.

J'aime les hommes d'étude; à l'heure décisive, je préfère les hommes d'action. L'heure est décisive, et vous êtes de ces derniers !

Dites, Messieurs les Députés, à vos mandants, ces amis fidèles de la Monarchie, dites à vos collègues qui, empêchés par des raisons de famille, de santé ou de situation, de se joindre à nous, ont tenu à nous envoyer l'affectueuse expression de leur sympathie, dites-leur que le Groupe de l'Union Monarchique de la Molé vous prépare de nouvelles recrues, désireuses de soutenir vos légitimes revendications et d'appuyer votre marche en avant !

La marche en avant, elle seule, convient à notre tempérament national que lassent les longues attentes, et qu'énervent les piétinements sur place !

En avant, c'est le cri que poussaient nos rois, quand ils élargissaient nos frontières, et marquaient nos annales des hauts faits de leur bravoure.

En avant! n'est-ce pas aussi cette clameur qui a rallié en ce siècle tous les princes de la Maison de France... ils ont su faire vaillante figure sous les armes; l'un d'eux demeure célèbre pour une action d'éclat, lorsqu'il n'avait pas révolu sa vingt-cinquième année! Les fils n'ont pas dégénéré, ils ont recueilli toute la valeur de leurs ancêtres. Le devoir, ils l'envisagent sous ses divers aspects, puis ils l'accomplissent sans hésitation, comme ils en acceptent les conséquences sans murmure! Chez eux la sagesse n'exclut pas les admirables témérités. Ce sont des héros dont les adversaires eux-mêmes confessent la vertu, et admirent l'attitude.

En avant! c'est enfin la devise de la Monarchie qui étudie toutes les réformes, qui consacre toutes les libertés, qui redoute seulement les destructions, et qui ne veut pas des ruines!

Messieurs, aux jours des fêtes intimes de la famille, c'est une coutume de faire, au foyer, des vœux pour les membres absents ou séparés. C'est qu'en effet la séparation qui efface les amitiés d'un jour, cimente et affermit les véritables affections!

Le représentant de notre famille nationale, le chef vénéré de la Monarchie est loin de nous, sur une terre d'emprunt. Je lui renouvelle en votre nom, l'hommage ému de notre inaltérable dévouement. Lui et les siens, notre pensée les recherche à travers les étapes de l'exil, notre cœur les accompagne partout où ils se trouvent, alors surtout qu'ils sont bannis en vertu de lois iniques et brutales, ou qu'ils sont jetés dans les cachots au mépris des protestations indignées de tous ceux qui ont au moins une fois ressenti l'amour de leur patrie !

Que notre action persévérante, énergique les remette à la tête de nos armées pour organiser les véritables revanches, qu'elle rende au Roi la lourde charge des destinées de notre pays ; ainsi nous préparons le relèvement de ce pays. Le poète antique n'a-t il pas dit que « les peuples sont heureux quand un seul les gouverne. »

M. Nourrisson, Président de la Conférence Molé, a prononcé l'allocution suivante :

Messieurs, j'aurais mauvaise grâce à garder le silence dans cette réunion où votre trop grande bienveillance a voulu me faire l'honneur de vous représenter à l'une des premières places.

Je dois tout d'abord adresser un remerciement au nom de tous à celui qui, après m'avoir précédé dans cette présidence de la Conférence Molé, qu'il a su rendre si difficile à exercer après lui, a bien voulu accepter le poste d'honneur de président du groupe royaliste. Vous me permettrez, mon cher Boullay, de rappeler quelles preuves de dévouement vous nous avez données, et comment avec toute l'ardeur généreuse qui s'allie à votre talent, vous avez su naguère nous réunir dans un même élan d'enthousiasme pour offrir au premier conscrit de France le témoignage de notre respectueuse et patriotique admiration.

Comme président de la Conférence Molé, je n'ai pas assurément le droit de parler ici au nom de la conférence toute entière, et je ne puis oublier que nos collègues de la Conférence appartenant aux opinions politiques les plus opposées ont bien voulu rallier leurs suffrages sur mon nom. Mais je me souviens aussi que ce sont mes amis politiques qui m'ont désigné aux suffrages de la conférence, et je tiens à saisir la première occasion qui se présente, pour les remercier de l'honneur très grand qu'ils m'ont fait. C'est un honneur pour moi, c'est un honneur surtout pour le groupe auquel j'appartiens.

Il y a dans l'armée, Messieurs, des armes d'élite, comprenant un certain nombre de corps qui ne possèdent à eux tous qu'un seul drapeau. Chacun d'eux à tour de rôle en a la garde, et le bataillon investi de ce privilège en éprouve un orgueil légitime et une salutaire émulation. Ainsi, dans la Conférence, une tradition constante de courtoisie, bien digne de servir d'exemple à de plus hautes assemblées, a voulu que chaque parti politique fût appelé à son tour et à son heure à tenir le vieux drapeau de la Molé. Je viens de le recevoir en votre nom : l'honneur est donc pour vous tous, Messieurs, et cet honneur vous impose des devoirs. Il vous oblige à tenir dans nos réunions de la conférence, une place digne de notre cause royaliste, il vous oblige à soutenir vaillamment le combat sur tous les terrains, à montrer que notre parti monarchique, toujours prêt à se montrer quand les questions de principe sont en jeu, sait apporter aussi sa part très grande d'expérience et de savoir, dans la discussion des questions d'affaires, des problèmes économiques et sociaux dont la solution tourmente notre époque. Vous avez déjà prouvé, mes chers collègues de la Conférence, que vous étiez dignes de comprendre ce devoir et capables de le remplir dans ces luttes d'aujourd'hui, qui nous préparent aux combats de demain et aux triomphes de l'avenir.

Je sais bien qu'il est de mode, pour certaines personnes, de parler avec quelque dédain et non sans ironie de cette petite Chambre des députés qui cherche à imiter la grande. Mais n'avez-vous pas entendu aussi, Messieurs, quelques vieux militaires railler cette petite guerre où, chaque année, nos jeunes troupes feignent de combattre un ennemi qu'elles se sont donné ? Et cependant, n'est-ce pas dans le simulacre du combat que le jeune soldat peut essayer ses forces et se préparer aux fatigues d'une campagne ? Ne faut-il pas que, nous aussi, nous ayons l'illusion de la guerre et que nous apprenions, en quelque sorte sur le terrain, à mettre en pratique la vieille tactique française qui, désormais je l'espère, sera toujours conservée, en politique comme sur les champs de bataille, et qui consiste à marcher droit à l'ennemi, drapeau déployé et visage découvert?

Au milieu d'une manœuvre militaire un temps d'arrêt se produit, les troupes se reposent, et les chefs en profitent pour formuler les critiques et donner des conseils. De même aujourd'hui, au milieu de la série de nos luttes annuelles au sein de la Conférence, nous déposons pour un moment nos armes, nous rejetons loin de nous les soucis de chaque jour comme le soldat fait du sac qui charge ses épaules, et, après avoir partagé la gamelle, nous formons le cercle autour de vous, Messieurs, qui êtes nos anciens, nos chefs et nos maîtres. Nous sommes heureux de recueillir vos encouragements et vos conseils, et de vous assurer que ces jeunes gens, dont un acte de vaillance vient, il y a quelques semaines, de faire tressaillir les cœurs, sont prêts à combattre à votre suite pour le triomphe de la grande cause d'ordre et de liberté qui nous réunit ce soir.

Messieurs, à notre président, au groupe royaliste de la Conférence Molé.

A la demande générale, M. Lorois, député du Morbihan, ancien Président de la Conférence Molé, a bien voulu prendre la parole

et s'est fait l'interprête des sentiments de
ses collègues en termes que nous sommes
heureux de pouvoir reproduire :

MESSIEURS,

Ce serait une tâche difficile pour tout le monde,
c'est donc en particulier une tâche bien lourde pour
moi que d'avoir à répondre aux discours si remar-
quables que nous venons d'entendre et qui nous ont
si profondément émus. Je ne puis cependant me dé-
rober à l'aimable invitation que m'adresse votre
Président. Je crains bien que cette honneur soit justi-
fié par ce qu'on est convenu d'appeler le bénéfice
de l'âge ; mais le titre de doyen n'est pas sans doute
celui qui convient le mieux dans une réunion qui est
surtout la fête de la jeunesse. L'honorable M. Boullay, en invoque un autre que je n'ai garde d'oublier
car il m'est bien cher ; celui d'ancien Président de
cette conférence Molé dont la droite nous offre en ce
moment une si gracieuse hospitalité. Il m'est doux
de m'en prévaloir aujourd'hui, puisqu'il me permet,
Messieurs, de vous dire combien nous sommes heureux de vous voir vous préparer à la vie publique où
votre place est marquée d'avance par l'étude et la
réflexion, par la discussion approfondie et loyale des
idées, des principes, des problèmes, vous qui avez
encore le bonheur de ne pas avoir à discuter les per-

sonnes. Il me permet de vous féliciter au nom de tous vos anciens du succès et de l'éclat avec lequel vous avez, nous le savons, perpétué les utiles, les nobles, les brillantes traditions de la conférence Molé.

Vous nous avez, Messieurs, remercié en termes bien flatteurs d'être venu parmi vous apporter les leçons de cette expérience que l'on paie quelquefois si cher, les exemples que peut nous fournir un présent si plein de difficultés et de troubles. Quelles paroles pourrai-je donc trouver à mon tour pour vous affirmer dignement notre reconnaissance envers vous qui, en échange des leçons austères du passé, nous donnez les biens les plus précieux de la vie, l'avenir et l'espérance. Vous avez parlé d'encouragements. Mais, il est vrai que c'est à nous surtout qui portons encore le poids du jour que les encouragements sont nécessaires, pouvions-nous en désirer de plus grand que de voir à nos côtés, parmi nous, cette vaillante jeunesse prête au combat, prête au sacrifice, à qui nous pourrons avec tant de sécurité remettre nos armes quand nos bras n'auront plus la force de les porter, cette jeunesse dont la ferme attitude nous permet de nous écrier en empruntant quelques mots à un grand poète de mon temps :

« Ainsi donc, quoi qu'on dise, elle ne tarit pas la source immortelle et féconde des généreux dévouements et des convictions désintéressées ».

Messieurs, je n'ajouterai plus qu'un mot; croyez bien

que vos aînés n'envoient pas d'un cœur moins chaud, moins fidèle, moins confiant que le vôtre, leurs hommages et leurs saluts à tous les exilés, aux bannis de la Patrie, aux bannis du drapeau, aux bannis de la liberté ; au prince qui par la grandeur de la race qu'il représente et par l'éclat de ses qualités personnelles a aujourd'hui sa place marquée parmi les têtes couronnées de l'Europe ; à ceux qui ont connu le bonheur de servir sous nos drapeaux et qui les ont honorés par leur courage, au prisonnier qui ne demande, vous le savez jeunes gens, jeunes soldats qui m'écoutez, qu'à marcher à son tour dans vos rangs côte à côte avec vous, au Père, au chef éminent et respecté qu'avec l'aide de Dieu aucun obstacle ne décourage, aucune vissitude n'ébranle, à l'héritier qui en arrivant à l'âge d'homme n'y a vu que l'occasion de réclamer sa part de devoirs patriotiques à remplir, de persécutions à subir et d'épreuves à supporter.

271-90. — Paris-Auteuil. — Imp. des Apprentis-Orphelins. — Rousset, rue La Fontaine

www.ingramcontent.com/pod-product-compliance
Lightning Source LLC
LaVergne TN
LVHW021917180726
843502LV00008B/3111